AF188090

Rituale für einen erfolgreichen Berufsalltag

Energie und Power - für eine fordernde Welt

Ein Buch über die Symbiose von Business und Leben

Von Adrian F. Müller

Rituale für einen erfolgreichen Berufsalltag

Energie und Power - für eine fordernde Welt

Erfolg durch Sein – Erfolg-Reich-Sein

Adrian F. Müller

ADRIAN F. MÜLLER

Ich beschäftige mich mit den Menschen im unternehmerischen Umfeld, denn Menschen (Mitarbeiter, Kunden, Lieferanten) sind die entscheidenden Marketing- & Wettbewerbsfaktoren für ein wirtschaftlich gesundes Unternehmen.

Seit mehr als 20 Jahren setze ich mich beruflich und privat mit Themen auseinander, in denen es darum geht, dass das Leben Spaß machen kann. *Work-Life* ist für mich das Unwort des Jahrhunderts, denn niemand kann *Work* und *Life* trennen. Und es gibt durchaus Wege, diese beiden Bereiche so zu harmonisieren, sodass sowohl die Arbeit als auch das Leben Spaß machen.

Meine Berufung fand ich in den Menschen um mich herum. Sie liegt darin zu unterrichten, sprich Wissen zu vermitteln und meinen Klienten dadurch eine Erleichterung im Alltag zu ermöglichen.

Bibliografische Information der Deutschen Nationalbibliothek: Die Deutsche Nationalbibliothek verzeichnet diese Publikation in der Deutschen Nationalbibliografie; detaillierte bibliografische Daten sind im Internet über http://dnb.dnb.de abrufbar.

Lektorat und Korrektorat: Selfpublishingo.com

Herstellung und Verlag: BoD – Books on Demand, Norderstedt

ISBN: 978-3-7504-2514-9

Kennst du diese Tage, an denen du aufstehst und erst am Abend im Bett merkst, kurz bevor du das Licht ausschaltest, dass du den Tag zwar hinter dich gebracht, allerdings wieder nicht wirklich *gelebt* hast?

Oder besser gesagt; dein Tag ist in Windeseile vorbeigegangen und du weißt wieder nicht, wie das so schnell passieren konnte. Was habe ich heute noch mal gemacht? Habe ich gearbeitet? War ich zufrieden? Was habe ich erfahren? Habe ich geliebt? Habe ich bewusst mit meinen Mitmenschen interagiert? Oder anders gesagt:

Habe ich überhaupt gelebt?

Oder verlief mein Tag wie in einem Traum, irgendwie automatisiert, sodass ich bloß existiert habe?

Wer will schon so leben, ...

...ohne zu merken, dass er lebt?

Im Alltag braucht es lediglich minimale Zeiteinheiten, die es zu leisten vermögen, den Fluss des automatisierten Funktionierens durchzubrechen und zu unterbrechen. Solche Zeiteinheiten können jeden von uns innehalten lassen. Man kann sie auch als kleine *Zeitinseln* bezeichnen, dank derer man wieder zurück zu seinem wahren Menschsein kommen darf. Eine Zeitinsel gehört alleine ihrem Träger und sie schenkt ihm Energie und Power, um mit der fordernden Welt da draußen fertigwerden zu können.

Die in diesem Buch beschriebenen Rituale sind als solche **Zeitinseln** zu verstehen. Wichtig: Rituale sind nicht mit Gewohnheiten zu verwechseln. Gewohnheiten bleiben unbewusst, sie fliegen vorbei, sind hilfreich für die immer gleichen Tätigkeiten, Dinge, die wir nicht vergessen möchten. Mit Bewusstheit haben sie nichts zu tun, im Gegenteil.

Wir reden hier von Ritualen, kleinen Ankern, von ICH- und Auszeiten im Alltag, die dir Gutes tun. Sie helfen dir, dich zu orientieren, dich neu auszurichten, dafür zu sorgen, dass es dir gutgeht. Gerade im *Business*-Bereich sind sie die Energie-*Booster* schlechthin. Erfolgreiche Menschen nutzen Rituale, um ihren Erfolg zu kanalisieren.

In archaischeren Epochen (und nach wie vor in Kulturen, welche noch nicht vollständig den westlichen Zeitgeist übernommen haben) war das tägliche Leben durch eine Vielzahl von Ritualen bestimmt. Rituale sollten aber keineswegs als veraltet abgetan werden, denn sie machen gerade in unserer heutigen, hektischen westlichen Gesellschaft sehr viel Sinn.

Insbesondere höhere Angestellte im *Business*-Bereich, sprich Unternehmer, Führungskräfte und Leader im Allgemeinen, wären aus meiner Sicht gut beraten, sich mit einfachen Ritualen zu beschäftigen und diese in ihren Arbeitsalltag einzuführen.

1 INHALTSVERZEICHNIS

Gestallte deinen Tag neu

An dieser Stelle möchte ich dich ermutigen, deinen Tagesablauf neu zu planen. Erfolg kommt durch Routinen und gerade in diesem Bereich ist eine adäquate Planung zentral.

Sehr viele erfolgreiche Menschen behalten Tag für Tag denselben Ablauf bei, was ihnen Orientierung gibt und dabei hilf, fokussiert zu sein.

Die Energie folgt dem Fokus

Quelle: https://www.pexels.com/de-de/foto/bildschirm-brille-dekor-denken-1485657/

Wie kann so ein Tagesplan nun aussehen?

1. Stelle deinen Wecker auf die Zeit, zu der du optimalerweise aufstehen möchtest, und vermeide die Snooze-Funktion.

2. Trinke ein Glas Wasser (es sollte nicht kalt sein). Ich nehme gleichzeitig meine Vitamine ein.

3. Bewege deinen Körper. Eine halbe Stunde Bewegung reicht. Der Workout kann Joggen, Yoga, Qigong oder etwas Ähnliches sein.

4. Nimm dir Zeit mindestens 15 Minuten Zeit für Meditation. Ach ja, Meditieren kann jeder ☺. Setz dich hin und schalte deine Sinne ein. Achte darauf, was du hörst, was du riechst und was du fühlst. Wie schlägt dein Herz? Beobachte dich und dein Umfeld und vermeide, währenddessen zu bewerten. Nimm einfach wahr, was ist. Während dieser Zeit gibt es kein Gut oder Böse.

5. Denk positiv und bedanke dich dafür, dass es dir gutgeht sowie für alles, was du bis jetzt erreicht hast.

6. Stelle dir deinen Tag vor, dass du deine Aufgaben locker angehen wirst und dass dir alle Aufgaben leicht von der Hand gehen werden.

7. Atme tief durch und iss ein Frühstück, welches zu dir passt.

8. Hinsichtlich des tatsächlichen Arbeitsprozesses hat es sich für mich gut bewährt, das Unangenehme stets zuerst zu erledigen, denn danach MUSS es ja ein erfolgreicher Tag werden.

2.1 Der Morgen

Kennst du auch solche Menschen, bei denen der Morgen oft die stressigste Phase des Tages ist? Bei mir war es früher oft so, dass es sich anfühlte, als ob ich ein Roboter gewesen wäre. Es ging nur ums reine Funktionieren. Ich hatte nur wenig Zeit und gleichzeitig sehr viel zu erledigen.

Abends war ich häufig aufgekratzt und konnte nicht so richtig einschlafen. Dann wünschte ich mir, derart müde sein zu können, wie ich es immer morgens war, wenn es an der Zeit war, aufzustehen. Aufgrund meines automatisierten Lebensstils versteckte sich meine Motivation entweder sehr gut oder sie war gar nicht anwesend. Jeden Morgen wollte ich am liebsten zurück in die Federn und für ein paar weitere Minuten die Augen schließen – das hätte ich als großartig empfunden.

Das änderte sich als ich mein persönliches Morgenritual erfand und begann, es zu praktizieren. Seitdem falle ich nicht mehr wie eine Scheibe Toast aus dem Bett, sondern nutze die frühen Stunden gut gelaunt.

Aus eigener Erfahrung weiß ich, dass sich der gesamte Tag meistens so gestaltet, wie er anfängt. Und deshalb gestalte ich meinen Morgen möglichst bewusst, damit auch der restliche Tag genauso erfolgreich werden kann.

Auch du bist keine Ausnahme. Auch bei dir ist es so, dass sich der Beginn deines Tages maßgeblich auf den weiteren Verlauf auswirkt. Ein Morgenritual kann dir also dabei helfen, Energie für den ganzen Tag zu tanken und motiviert an die Arbeit zu gehen. So werden dir deine Tage leichter vorkommen und du wirst leistungsfähiger, ausgeglichener und ruhiger sein.

Das Gute-Laune-Ritual - So beginnt dein Tag besser

Als sich die Psychologin Amy Cuddy mit dem Phänomen der schlechten Laune am Morgen beschäftigte, fand sie einen simplen Trick, um besser in den Tag zu starten und sich sogar für den restlichen Tag selbstbewusster, leistungsfähiger und stärker zu fühlen:

Strecken Sie sich
- die Arme weit über den Kopf nach oben -
um sich selbst so groß wie möglich zu machen.

Glaubt man den Studienergebnissen, dann steckt hinter diesem Ritual ein mächtiger Effekt; das sogenannte Biofeedback. Oder anders formuliert: **Unsere Körpersprache kann unsere Emotionen und unser Denken beeinflussen.**

Wer nervös ist, schaut zu Boden, wer unsicher und wenig selbstbewusst ist, zieht seine Schultern ein und macht sich möglichst klein. Das Ganze funktioniert aber auch umgekehrt: andere Haltung, aufrechte Position – schon fühlen wir uns erhaben und selbstbewusster. Weil aber viele Menschen zusammengerollt schlafen und sich dabei klein machen, sieht die Psychologin darin einen Auslöser für Stress und Frust am Morgen.

Das Aufwachen in einer solchen Position beeinträchtigt das Selbstbewusstsein negativ, verringert die Motivation und raubt Energie, bevor überhaupt der erste Fuß auf den Boden gesetzt wird. Das Strecken und Vergrößern des Körpers sei daher ein unterbewusstes Signal für Stärke und Selbstbewusstsein, man könnte auch sagen; ein Verhalten, welches sich auf die Gefühlslage überträgt. Anfangs mag einem das Strecken und das über-den-Kopf-Heben der Arme direkt nach dem Wachwerden merkwürdig vorkommen. Aber schon bald entsteht daraus eine Gewohnheit beziehungsweise ein Morgenritual, das einem nach jeder Nacht in einen besseren Tag hilft.

Tipps für Ihr persönliches Morgenritual

Schaue dir deinen Morgen an

Der erste Schritt ist, sich bewusst zu machen, wie ein typischer Morgen bei einem selbst abläuft. Wann stehst du auf? Was machst du während der Zeit, bevor du zur Arbeit aufbrichst? Wie fühlst du dich morgens? Hier lohnt es sich unter Umständen, aufzuschreiben, wie dein typischer Morgen aussieht.

Suche nach Störquellen

Bist du zu dem Schluss gekommen, dass dein Morgen hektisch ist und dass du bereits gestresst zur Arbeit kommst? Sicherlich würdest du gerne etwas daran ändern. Damit das möglich ist, analysiere bitte deinen Morgen. Wofür geht die meiste Zeit drauf? Was sorgt für Stress? Diese Faktoren gilt es zu eliminieren.

Suche dir Tätigkeiten, die dir guttun

Nimm dir einen Augenblick Zeit und denke bitte über folgende Frage nach: Was verleiht dir ein gutes Gefühl? Was machst du wirklich gerne? Das kann beispielsweise eine leckere Tasse heißen Kaffees sein oder die Lektüre einer Zeitung. Dein Morgenritual sollte Tätigkeiten umfassen, die dich entspannen und dir Freude bereiten.

Nimm dir Zeit

Zum bewussten Umgang mit Ritualen gehört natürlich auch, dass du dir Zeit für sie nimmst. Sie müssen nicht stundenlang dauern, entscheidend ist allerdings, dass du alle möglichen Störquellen bestmöglich eliminierst und dich komplett auf deine gesundheitsfördernden Rituale konzentrierst. Und hier liegt oftmals das eigentliche Problem. Viele haben das Gefühl, keine Zeit für ein Ritual zu haben.

Es gibt kein «keine Zeit haben», sondern nur andere Prioritäten.

Und nur DU setzt deine Prioritäten!

Jetzt kommt die vermeintlich schlechte Nachricht: Ja, ein Morgenritual erfordert, dass du früher aufstehst. Am Anfang fällt das oft schwer und erfordert einiges an Selbstdisziplin. Doch du wirst merken, dass es sich lohnt – spätestens, wenn du deine erste Tasse Kaffee ganz in Ruhe genießen kannst und sie nicht zwischen Tür und Angel herunterkippen musst.

Binde deine Familie mit ein

Dein Morgenritual kann eine Zeitspanne bedeuten, in der du dir bewusst eine Auszeit gönnst und die du nur für dich alleine hast. Doch es kann auch eine Zeit sein, die du mit deinen Liebsten verbringst. Ein gemeinsames Frühstück eignet sich beispielsweise hervorragen als morgendliches Ritual. Allerdings bleibt die Ausgestaltung deiner konkreten Routine, wie oben bereits erwähnt, gänzlich dir überlassen – denn sie sollte komplett an dich und deine Bedürfnisse angepasst sein, damit sie auch wirklich funktioniert.

Dinge, die dein Morgenritual enthalten kann

Du würdest deinen Morgen gerne etwas entspannter beginnen, weißt jedoch nicht genau, wie? Hier ein paar Vorschläge, was du in dein Morgenritual einbauen könntest:

Meditieren

Meditation ist ein sanfter Weg, den Tag zu starten. Hierfür gibt es zahlreiche Techniken. Eine ganz simple Methode: Versuche eine Zeit lang nichts zu sagen und nichts zu machen – außer zu atmen und zu starren. Fixiere dazu entweder einen Punkt an der Wand oder ein Bild. Und versuche dabei möglichst an nichts zu denken. Danach wirst du dich befreiter und leichter fühlen sowie deinen Tag sprichwörtlich mit einem leeren Kopf beginnen.

Sport

Viele Berühmtheiten starten ihren Morgen mit Bewegung. Sport am Morgen macht den Kopf frei und lässt einen jeden schneller wach werden. Dazu brauchst du allerdings kein ausgeklügeltes Sportprogramm. Schon ein kurzer Spaziergang erfüllt denselben Zweck. Regelmässige Bewegung schützt zudem vor Herz-Kreislauf-Erkrankungen, baut Fett ab und stärkt die Muskulatur. Und wer Frühsport macht, kann nach der Arbeit ohne schlechtes Gewissen auf der Couch chillen.

Lesen

Ob noch im Bett oder auf dem Weg zur Arbeit, die Hauptsache ist, dass du deinem Hirn anregende und reichhaltige Kost zum Verdauen gibst; einen spannenden Krimi, einen fesselnden Roman, interessante Fachliteratur, die Lektüre der Karrierebibel etc..

Quelle: https://www.pexels.com/de-de/foto/aprikose-cornflakes-cremig-diat-2103947/

Nur einen schnellen Kaffee zu trinken oder ganz auf das Frühstück zu verzichten, ist nicht gesund. Denn nach der Nacht müssen unsere Energiereserven wieder aufgefüllt werden. Ein Frühstück bietet die energetische Grundlage, damit man sich auf die Arbeit konzentrieren kann. Kaffee putscht nur kurzfristig auf.

Beispielrituale

Guten Morgen

Begrüsse dich morgens selber. Sage ein klares und ermunterndes »Guten Morgen« zu dir. Du wirst es von anderen, die du triffst, auch erwarten, warum gönnst du dir diesen Gruß nicht auch selbst? Grüße dich also jeden Morgen und wende dich so deinem Selbst zu.

Träume aufschreiben

Träume direkt nach dem Aufwachen aufzuschreiben, hat eine sehr nachhaltige und belebende Wirkung. Ohne gleich alles verstehen und deuten zu müssen, können wir auf diese Art und Weise mit unserem Unterbewusstsein in Kontakt treten.

Spieglein, Spieglein an der Wand...

Wenn du morgens vor dem Spiegel stehst, dann sage dir etwas Ermunterndes, Ermutigendes. Zum Beispiel: Du schaffst das! Alles wird gut! Ich bin unverwundbar! In mir lebt die Kraft des Lebens! Ich bin gesegnet!

Berühmte Morgenrituale

Steve Jobs

Der verstorbene Gründer der Firma *Apple* gab als Morgenritual an, in den Spiegel zu schauen und sich zu fragen, ob er das, was er an diesem Tag vorhatte, auch dann machen würde, wenn es sein letzter Tag überhaupt wäre. Wenn die Antwort an zu vielen Tagen hintereinander »Nein« hieß, wusste er, dass er etwas in seinem Leben verändern musste.

Claus Hipp

Der Mann, der mit seinem Namen für gesunde Babynahrung steht, fährt jeden Morgen als Erstes zur Wallfahrtskapelle seines Heimatortes, um diese aufzuschließen. Vor allem anderen steht das Morgengebet.

Margaret Thatcher

Die »eiserne Lady« stand täglich um fünf Uhr auf, um Ihre liebste Radiosendung *Farming Today* zu hören. Darin ging es nicht um Politik, sondern um das Landleben und Rezepte.

Ludwig Beethoven

Der Komponist startete jeden Tag mit einem Kaffee aus exakt 60 Kaffeebohnen. Diese zählte er nach dem Aufstehen selbst und von Hand ab.

Benjamin Franklin

Der Entdecker und Erfinder stellte sich jeden Morgen dieselbe wertvolle Frage; «Was soll ich heute Gutes tun?». Und am Ende eines jeden Tages fragte er sich dann; «Was habe ich heute Gutes getan?»

Nun liegt es an Dir; gestalte deinen Start in einen erfolgreichen Tag neu

Wie fängst du deinen Tag an? Hast du schon ein Ritual, um den Tag positiv auszurichten und ihn mit einem Lächeln im Gesicht zu starten?

Lass dich beim Überarbeiten deiner Morgenroutine inspirieren und bediene dich der aufgelisteten Rituale. Übernehme die Rituale, die dich ansprechen, passe an, was nicht dir entspricht, und...

...erfinde deinen Tag neu!

2.2 Work-Life Balance das Unwort des Jahrhunderts

Quelle: https://www.pexels.com/de/de/foto/arbeiten-couch-drinnen-entspannung-269129/

Das Wort Work-Life-Balance suggeriert, dass *Work* nicht zum Leben und das Leben nicht zum *Work* gehört, dass diese Lebensaspekte somit als verschiedene Ebenen aufzufassen sind. Wenn wir versuchen, *Work* vom Leben zu trennen – und sei dies nur in Form eines Wortspiels –, dann sehen wir, wie schlimm es um uns steht.

Wie wäre es denn, wenn die Arbeit genauso viel Spaß machen würde wie das Leben ohne Arbeit?

Wer Leben und Arbeit trennt, muss sich nicht wundern, wenn beides unbefriedigend ist.

Adrian F. Müller

Also los geht´s. Gestalten wir das Leben lebenswert!

Quelle: https://www.pexels.com/de-de/foto/arbeit-bart-buro-business-842567/

3   RITUALE UND UNTERNEHMEN

In Unternehmen entstehen Rituale häufig unkontrolliert, z.B. in der Kaffeeküche, während regelmässiger morgendlicher Flurgespräche oder während des gemeinsamen Mittagessens. Die Führungskraft hat die Aufgabe, Rituale zu steuern und sie folglich als ein Führungsinstrument zu nutzen. Rituale vermögen den Mitarbeitern eines Unternehmens gerade in wirtschaftlich unsicheren Zeiten Struktur und Orientierung zu geben. Vom Setting und dem Ziel abhängig, welches mit dem Ritual erreicht werden soll, haben Führungskräfte Spielraum in Hinsicht auf die Gestaltungsmöglichkeiten ihrer Rituale.

3.1   Wieso Rituale?

Rituale sind wiederkehrende Abläufe, die man ganz einfach in den Alltag einbinden kann. Rituale können Struktur, Ausrichtung und Orientierung geben. Sie können aber auch dabei helfen, eine kurze Auszeit zu nehmen, um dem Stress die kalte Schulter zu zeigen.

Auf den folgenden Seiten werde ich dir ein paar Rituale beschreiben, die du ganz einfach und ohne Hexenbesen in deinen Alltag integrieren kannst und darfst.

Rituale bedeuten, sich Zeit für das
Wesentliche zu nehmen. Und das bist du!

Rituale und Business – ist das kompatibel?

Mit Ritualen schaffst du dir einen Raum, in dem du dir selbst begegnen kannst.

Gute Frage. Meine Gegenfrage lautet: Kannst du dir erlauben, deine Arbeitstage einfach so dahinziehen zu lassen, ohne dass du merkst, was um dich herum überhaupt passiert? Oder wäre es nicht viel erfüllender, wenn du die vorhandenen Möglichkeiten nutzt, um

- deine Energie zu optimieren und auf hohem Level zu halten?
- deine Gedanken sortiert und fokussiert für deine Arbeit nutzen zu können?
- deinen Tag bewusst zu (er)leben und am Abend den Tag abschließen zu können und somit ruhig zu schlafen?

Wenn ja, dann hast du das richtige Buch in der Hand!

4 DER ERFOLGREICHE START IN DEN GESCHÄFTSALLTAG

Quelle: https://www.pexels.com/de-de/foto/arbeit-becher-braun-business-414645/

4.1 Dein Power Day

Carpe diem – Nutze den Tag! Und hierfür benutzt man am besten gleich den Morgen als Powerstart. Die ersten Stunden des Tages nicht mit unwichtigen Dingen zu verschwenden, ist zentral für ein ausgeglichenes Leben. Denn die Morgenstunden haben das Potential, die produktivsten zu sein: Der Körper ist maximal ausgeruht, das Gehirn nach dem Schlaf perfekt aufgeräumt, es gibt noch keine ablenkenden Gedanken oder Emotionen und häufig auch wenige Störquellen – z.B. im Büro.

Anstatt diese wertvolle Zeit also mit belanglosen Dingen wie E-Mails checken, Facebook lesen oder To-Do-Liste erstellen (die sollte ohnehin eher am Vorabend gemacht werden) zu verschwenden, kannst du den Tag mit dem starten, was für dich am meisten Sinn macht.

Ich für meinen Teil «hasse» administrative Tätigkeiten, also starte ich meine Tage genau damit. Denn wenn ich am Morgen ausgeruht (also nach dem zweiten Kaffee 😊) und voller

Tatendrang bin, mache ich zuerst das, was ich nicht gerne tue. Ein Widerspruch, denkst du? Nein, für mich nicht, denn am Morgen kann ich diese Arbeiten am besten erledigen und danach habe ich den schlimmsten Teil des Tages schon überstanden. Der Tag MUSS nun also super werden – es geht gar nicht anders!

Als ich früher meine administrativen Tätigkeiten erst am Abend erledigte, war ich zu diesem Zeitpunkt immer schon k.o.. Die Arbeit zog sich scheinbar unendlich lange dahin, war mühsam und kam mir sinnlos vor. Der Tag endete unbefriedigend.

Jeder soll und darf selbst bestimmen, wie er seinen Tag am besten und sinnvollsten beginnt.

Nutze vor allem den Morgen!

Quelle: https://www.pexels.com/de-de/foto/anstellung-anzug-arbeit-arbeiten-288477/

Auch im Joballtag solltest du Rituale pflegen und dich durch die zum Teil stressige berufliche Situation nicht davon abhalten lassen. Trink als Erstes, wenn du ins Büro kommst, einen Kaffee, Tee oder was auch immer dir entspricht. Tausche dich währenddessen mit deinen Kollegen aus. Mit einem solchen Ritual stellst du dich auf die anstehende Arbeitszeit ein und kannst so mit höherer Energie und Konzentration durchstarten.

Gerade bei Jungunternehmern erlebe ich oft, dass sie sich keine Zeit für Pausen nehmen. Kennst du das auch, natürlich nur von anderen? Dann lass dir nun was sagen; Pausen sind wichtig, denn sie steigern unsere Produktivität enorm.

Übrigens sind Pausen mehr (beziehungsweise etwas anderes) als schnell einen Kaffee zu holen und während der Kaffee aus der Maschine fließt die Mails auf dem Smartphone zu checken. In den meisten Betrieben wird eindeutig geregelt, wann der Arbeitnehmer Pausen einlegen darf oder soll. Für Selbstständige gilt das nicht. Vielleicht kommt es gerade deswegen in dieser Berufsgruppe häufig zu dem fehlerhaften Gedanken, dass Pausen verschwendete Zeit wären – schließlich sitzt Selbständigen die Existenzangst im Nacken.

Schluss mit diesem Irrtum! Wer zu lange am Stück arbeitet, der ist genervt, müde und ihm passieren Fehler. Eine kurze Erholung zwischendurch hingegen steigert die Kreativität, das Wohlbefinden und somit auch die Produktivität.

Pausen sind Business-Booster, da sie die Leistungsfähigkeit steigern.

Mir zum Beispiel sind Mittagspausen heilig. Da «vergesse» ich auch gerne mal mein Smartphone im Schulungsraum oder im Büro.

5.1 Pausenplanung

Wie schaffst nun auch du, trotz vollen Terminkalenders, Pausen einzulegen?

Eine einfache Methode ist, die Pause in den Kalender einzutragen. Das hat übrigens auch den Vorteil, dass andere Mitarbeiter die blockierten Zeiten im Kalender sehen und sich deshalb eher an diese Pausen halten.

Das geht nicht? Dann sag das mal den Engländern mit ihrer *Tee Time*.

Wenn du dir Pausen im Kalender reservierst, wirst du dich gerade zu Beginn deiner Umstellung auf ein ritualisiertes Leben besser an sie halten können, denn: Was eingeplant ist, wird erledigt. Wenn dir die Eintragung im Kalender nicht reicht, kannst du auch *Reminder* auf deinem Handy erstellen, die dich an das Einhalten deiner Pausen erinnern. Diese Form der Erleichterung ist eine, die ich noch immer praktiziere, obwohl ich meine Pausen schon gewohnt bin. Ich halte mein Smartphone stets mit meinem Kalender synchronisiert. So werde ich auch in tiefster Konzentration daran erinnert, dass ich mal wieder eine Pause machen sollte.

Achtung: Es ist nicht so, dass ich aufgrund der Erinnerung gleich alles fallenlasse. Vielmehr ist es so, dass mir ein Anker gesetzt wird, nämlich dass ich bald mal eine Pause einlegen sollte.

Natürlich kann man den Mitarbeitern nicht vorschreiben, was sie in der Pause tun müssen. Jeder entscheidet selber, ob er ins Fitnessstudio gehen oder sich im Bistro mit Pizza vollstopfen, einen Spaziergang machen oder alleine im Pausenraum sitzen will.

Was ein Vorgesetzter aber machen kann, ist ein gutes Vorbild zu sein. Er darf auch Wünsche äußern wie: *Es würde mich freuen, wenn wir heute zusammen essen könnten.*

Führen kommt von Vorausgehen.

Sei du das positive Beispiel für die anderen. Eine Verhaltensänderung kann man auch in kleinen Schritten angehen.

Es folgen Beispiele für solche kleinen Schritte.

Verlass den Schreibtisch!

Quelle: https://www.pexels.com/de-de/foto/ausruhen-bank-draussen-entspannung-272064/

Bleib in deiner Pause nicht am Arbeitsplatz sitzen. Um einen freien Kopf zu bekommen, sollte man den Arbeitsbereich verlassen. Ich habe für mich festgestellt, dass ein kleiner Spaziergang am effektivsten ist, um wieder klare Gedanken fassen zu können.

Übrigens hat man in diversen Studien herausgefunden, dass durch regelmässige Auszeiten (zum Beispiel alle 90 Minuten für 5-10 Minuten) der Stresspegel nachweislich sinkt.

Für «Unflexible»: Wer unbedingt im Büro bleiben möchte, für den gilt: kein Telefon, keine E-Mails, keine Nachrichten am Computer lesen. Stattdessen ist es besser, ein paar Ausgleichsübungen zu machen. Bewegung wertet jede Pause auf.

Denk positiv!

In meinen Pausen versuche ich abzuschalten. Das bedeutet, ich denke nicht an die Arbeit, sondern versuche schöne Erinnerungen zu haben – optimalerweise an Dinge, die mir Spaß machen (nebenbei: Ich gehöre zu den Wahnsinnigen, denen auch die Arbeit Spaß macht). Ich nutze die Pausen oft zur Selbstreflexion und für Eigenlob. Dazu überlege ich mir, was an dem aktuellen Tag schon alles erledigt wurde und was bereits gut gelaufen ist.

Andere wiederum nutzen ihre Auszeit, um zu meditieren. In diesem Bereich ist vor allem das autogene Training zu nennen, welches sich hervorragen eignet, um die eigenen Kraftreserven wieder aufzufüllen.

Es gibt kein «Richtig»
- nur ein «mir entsprechend».

Quelle: https://www.pexels.com/de/foto/schnee-landschaft-mann-menschen-3217911/

Das werden nun einige Vorgesetzte nicht gerne lesen, aber ja, es gibt mehr als das Business und das Unternehmen. Deswegen achte ich darauf, dass ich in den Pausen nicht nur über den Businessalltag spreche. Nur so ist es mir auch wirklich gut möglich, abzuschalten und Power zu tanken. Und wenn wir schon bei Unterhaltungen sind; Ich halte mich möglichst fern von Leuten, die nur negative Gespräche führen. Das raubt mir Energie und das weiß ich zu verhindern, indem ich mich solchen Gesprächen entziehe. Das tue ich ganz bewusst und ohne Emotionen. Ich bin den Leuten auch nicht böse, die immer nur Probleme wälzen. Aber sie tun mir nicht gut und da bin ich zum Glück Egoist genug, um solche Menschen zu meiden – meinem Wohlbefinden zuliebe.

Ach ja, für Mitglieder der jüngeren Generation: Lege auch mal das Handy zur Seite und pflege lieber deine sozialen Kontakte. Es ist ein Zeichen von mangelnder Wertschätzung und mangelndem Respekt, wenn jemand während eines Gesprächs immer auf sein Smartphone schielt. Die Botschaft, welche so ein Verhalten einer anderen Person gibt, ist: *Egal was da gerade gepiepst hat, es muss interessanter und wichtiger sein als das, was du mir gerade erzählst.*

Schlaf dich fit

Meine südländischen Wurzeln lieben das folgende Mittagsritual: Ein *Powernap* nach dem Essen.

Wichtig ist, dass diese Auszeit nicht zu lange dauert, denn bei Nickerchen, die länger als 20 Minuten dauern, besteht die Gefahr, dass man in einen Tiefschlaf gleitet. Und der Tiefschlaf dauert unter Umständen nicht nur zu lange, sondern er kann auch müder machen, als man es vielleicht vor dem Schlaf war. Ich halte während meines *Powernaps* immer einen Schlüsselbund in der Hand beziehungsweise zwischen meinen Fingern. Wenn er runterfällt, ist es Zeit aufzustehen.

Nebenbei: Eine japanische Studie hat ermittelt, dass man die Leistungsfähigkeit noch steigern kann, wenn man VOR dem *Powernap* einen Kaffee trinkt. Ein kurzer Schlaf zwischen 13 und 14 Uhr erzielt das beste Ergebnis.

Genieße die Pausen

Egal was du in deinen Pausen machst, genieße es. Das kann ein kurzer Plausch mit den Kollegen, das können ein paar Dehnübungen, Musik hören oder frische Luft schnappen sein. Die Hauptsache ist, dass du dir etwas Gutes tust. **Deswegen mach aus deinen Pausen ein Ritual und nutze diese Pausen vernünftig.**

5.2   Business Halbzeit – Die Mittagspause

In der Regel arbeitet man, vor allem in Regionen wie dem deutschsprachigen Raum, vier Stunden, bis die Mittagspause kommt. Das ist eine Zeit, in der man mal für länger abschalten kann. Gerade die Mittagspause ist eine gute Möglichkeit, um zu ritualisieren.

Übrigens wurden die Essenszeiten im familiären Umfeld früher stets als eine Gelegenheit gesehen, um sich zu treffen und auszutauschen. Das ist auch heute noch ein Ritual, das vor allem für Kinder sehr wertvoll ist. Denn selbst wenn die Welt für das Kind aus irgendwelchen Gründen am Morgen «untergeht», weiß das Kind dennoch, dass während der

Mittagspause alles wieder in Ordnung sein wird. Denn dann ist ein Neustart möglich. Man trifft sich, isst zusammen und tauscht sich aus.

Genau das kannst auch du aus deiner Mittagspause machen. Fang an deine Pause zusammen mit anderen zu ritualisieren. Ein gemeinsames Essen, sich besser kennenlernen, sich austauschen – so kannst du Energie tanken, Altlasten beziehungsweise Ärger vom Vormittag loslassen und deinen Nachmittag erfolgreich starten.

Ein paar kurze Tipps zum Thema Essen:

Ein Schokoriegel, zwei Zigaretten und ein Espresso sind keine adäquate Energieversorgung. Vielmehr bedeutet so ein Essen einen Raubbau an der eigenen Gesundheit.

Essen – aber richtig!

Wer Hunger hat, wird Konzentrationsschwächen bekommen sowie gereizt und weniger leistungsfähig sein. Außerdem riskiert man Heißhungerattacken. Statt gesunder Lebensmittel, stopfen wir dann wahllos in uns rein, was Energie verspricht. Oft mehr, als gut für uns ist. Wer dagegen regelmäßig Pausen macht und dabei in Ruhe (!) und gesund isst, der kommt besser durch den Tag.

6 RITUALE FÜR FÜHRUNGSLEUTE

Viele sogenannter Führungsleute behandeln ihre Arbeiter wie Maschinen. Solange diese funktionieren, ist alles okay. In dem Moment, in dem die Maschine nicht mehr die erwartete Leistung bringt, folgen Konsequenzen. Doch selbst eine Hightech-Maschine braucht Wartung und «Aufmerksamkeit».

Hier stellt sich nun die Frage: Was brauchen Menschen, die in der Führung arbeiten? Die Antwort ist für die meisten ganz einfach: Wertschätzung. Der Chef soll seine Mitarbeiter sehen, erkennen, was sie Gutes leisten, und wertschätzen.

Quelle: https://www.pexels.com/de-de/foto/abbildung-anfang-begrifflich-blau-194094/

6.1 Festigen der Führungsposition

Das geht zum Beispiel, indem man jeden Tag einmal durch das Unternehmen beziehungsweise einen Teil davon geht und Präsenz zeigt.

In meiner Zeit als Leiter im *Support* hatte ich mir ein Ritual ausgedacht, das wie folgt ausgesehen hat. Jeden Tag, gegen neun Uhr, spazierte ich durch die Firma und schaute spontan in die Büros hinein. Ein Freundliches «Hallo» hier, ein nettes

«Alles klar?» hier und der Effekt war, dass meine Mitarbeiter regelrecht auf meinen Besuch warteten. Und oft kamen sie mit ihren Problemen und Problemchen, von denen man über den Kummerkasten nie was gehört hatte, sogar auf mich zu. So gelang es mir, unsere Dienstleistung anzupassen und noch heute sprechen meine damaligen Mitarbeiter davon, wie besonders der *Support* früher war.

Geh einfach mal zu deiner Basis und erkundige dich, was deine Mitarbeiter gerade tun, ob es neue Herausforderungen gibt usw.. Du wirst sehen, dass deine Angestellten dein ehrliches Interesse schätzen werden, und du wirst verstehen, was deine Mitarbeiter an der Basis bewegt. Führen heisst nämlich vorausgehen.

Wertschätzung & Dankbarkeit

Während meiner Besuche brachte ich auch immer wieder mal was mit. Einen kleinen Pausensnack fürs Sekretariat, ein kleines Geschenk für die Putz-Equipe usw., um meine Wertschätzung für all die Dinge auszudrücken, die sie derart selbstverständlich machten und die niemand wirklich sah.

Danke ist ein kleines Wort, aber es hat eine sehr große Wirkung. Wer als Chef immer mal wieder *Danke* sagt, zeigt seinen Mitarbeitern, dass ihre Leistung gesehen und anerkannt wird. Das gibt ihnen ein gutes Gefühl. Und sie werden sich folglich auch viel lieber für ihren Chef ins Zeug legen.

Führe für dich die Regel ein, jeden Tag mindestens zwei deiner Angestellten ehrlich und von Herzen **Danke** zu **sagen**.

In jeder Organisation gibt es (hoffentlich) Rituale, die dafür genutzt werden, um Firmenabläufe zu begleiten. Das können zum Beispiel sein:

- ✓ Eintritt / Aufnahme / Initiation
- ✓ Abschluss / Ablösung / Abschied

Organisationen, die für obenstehende Prozesse keine Abläufe und Rituale kennen, beweisen damit eindeutig, dass sie am Wohlbefinden ihrer Mitarbeiter nicht im Geringsten interessiert sind. Sie verpassen den aktuellen Zeitgeist, welcher in den Menschen mehr als nur reine Ressourcen oder Konsumenten sieht, und reiten aus meiner Sicht ihrem sicheren Untergang entgegen.

Wichtig:

Wenn neue Rituale für Teams und/oder ganze Organisationen geplant werden, ist es nützlich, diese an bereits bestehende Gepflogenheiten und der Unternehmenskultur anzupassen – ansonsten kann Widerstand entstehen.

7.1 Teamkultur Ritual

Begrüssungsrituale

Jede Gruppe von Menschen kennt eine Art Begrüßungsritual. Dieses kann so ziemlich alles sein; von einem einfachen Nicken mit dem Kopf über das Händeschütteln bis hin zu einer herzlichen Umarmung. Wenn wir uns die Jugend anschauen, dann sehen wir oft die tollsten Handspiele und Abklopf-Rituale. Begrüßungsrituale sind oft ein wesentlicher Bestandteil von Kulturen.

In Europa sowie Nord- und Südamerika sind das Handschütteln (auch: Handschlag) oder der Händedruck gängige Begrüßungsrituale – sie werden zwischen Jung und Alt, Mann und Frau, Vorgesetzten und Mitarbeitern ausgeführt. Früher zeigte man seinem Gegenüber so, dass man keine Waffe in der Hand trug oder im Ärmel verbarg sowie seinem Gegenüber (zumindest augenscheinlich) freundlich gesinnt war.

Zugehörigkeit

Die passende Begrüßung ist ein Zeichen des Respekts und auch eine Möglichkeit, seine Zugehörigkeit unter Beweis zu stellen. Aus diesem Grund mögen es junge Menschen nicht, wenn ältere ihre Art kopieren. Sie wollen sich gerade aufgrund ihrer Eigenart von der Erwachsenen- & Kinderwelt abheben.

Was hat nun die Begrüßung mit einem Team zu tun?

Wenn wir von *Team* reden, dann erwarten wir, dass diese Menschen zusammenarbeiten, Lösungen finden und Leistung erbringen. Das ist jedoch nur möglich, wenn sich jeder im Team zu den anderen Teammitgliedern zugehörig fühlt. Gerade hierfür eignet sich ein Begrüßungsritual hervorragend, damit jeder Einzelne seine Zugehörigkeit zeigen kann und sich die Bestätigung holen kann, dass die anderen seine Zugehörigkeit akzeptieren.

So ein Begrüßungsritual muss nichts Weltbewegendes sein.

Der Handschlag

Quelle: https://www.pexels.com/de-de/foto/hande-arbeiten-beziehung-verbindung-3184603//

Der Handschlag zur Begrüßung ist in vielen Unternehmen aus der Mode gekommen. Dabei gibt es gute Gründe für den täglichen Händedruck.

Während meiner Trainings, die ich gebe, begrüße ich alle Teilnehmer mit einem Handschlag. Als Trainer habe ich diese Angewohnheit eingeführt und ich muss sagen, dass es sehr wertvoll ist, jeden so zu begrüßen. Es ist eine einfache Begrüßung und meine Teilnehmer müssen nicht lange nachdenken, wie eng sie mit diesem oder jenen Kollegen oder Kollegin zusammenkommen sollen. Der Handschlag ist eine gute Möglichkeit, sich nahezukommen, ohne sich die Frage nach der angemessenen Nähe und Distanz stellen zu müssen. Ich finde, dass der Handschlag eine recht elegante Weise ist, sich zu begrüßen. Daher kann ich gut nachvollziehen, dass sich viele Chefs und Chefinnen gern die Hand geben.

Aber ich bin sichtlich überrascht gewesen, als ich im Zuge meiner Recherchen zu diesem Buch feststellte, dass viele Führungspersönlichkeiten immer noch täglich die Hände ihrer Mitarbeiter und Mitarbeiterinnen schütteln. Dieses Begrüssungsritual kann ein wertvoller, morgendlicher Kontakt mit jedem Mitarbeiter sein – deswegen empfehle ich ihn ebenfalls als Ritual einzuführen.

Gründe, Mitarbeitern die Hand zu geben

Der Handschlag vermittelt Wertschätzung!

Die Hand zu geben, empfinden die meisten Kollegen als ein Zeichen der ungeteilten Aufmerksamkeit.

Als Führungskraft schafft mir so eine Begrüßung am Morgen Nähe zu jedem einzelnen Mitarbeiter. Folglich bekommt jeder Adressat einer solchen Zuwendung das unschätzbar wertvolle Gefühl, dass er «wahrgenommen» wird. Sowohl Vorgesetzte als auch Teammitglieder vermitteln mit einer derartigen Handlung folgende Botschaft: *Ich sehe dich, ich nehme dich wahr, ich wertschätze dich.*

Als Trainer für Persönlichkeitsentwicklung nutze ich den täglichen Händedruck gezielt, um gleich zum Tagesbeginn ein Gefühl für die Stimmung meiner Mitarbeiter, aber auch Kunden zu bekommen. Als Vorgesetzter hat man augenblicklich die Möglichkeit, das Befinden zu spüren und angemessen zu reagieren. Manchmal ist es besser, einen kranken Mitarbeiter zurück nach Hause zu schicken, damit er sich auskurieren kann, bevor er das ganze Team ansteckt. Sowohl der Mitarbeiter als auch das Team werden es ihrem Vorgesetzten danken. Manchmal merkt man auch, dass es Gesprächsbedarf gibt, und dann kann man den Betroffenen auf eine Tasse Kaffee und ein Gespräch einladen. Oft hilft eine kurze Unterhaltung bereits, um herausfinden zu können, wo der Schuh gerade drückt.

Beim Handschlag können Chefs mit Mitarbeitern ins Gespräch kommen!

Der Handschlag kann als Ritual also gerade im Businesskontext sehr viel bringen und ist – richtig eingesetzt – mehr als nur eine automatische Geste.

ACHTUNG!

Dieses Ritual funktioniert nicht, wenn lediglich ein *Händeschütteln-ist-ein-Muss*-Beschluss rausgegeben wird. Führen kommt von Voraus gehen. Fang also selbst damit an und mach es zu DEINEM Ritual. Du wirst feststellen, dass andere dir folgen werden. Genau so beginnt sich nämlich ein Zugehörigkeits-Ritual zu einem festen Bestandteil eines Teams zu mausern.

7.2 Meeting Ritual

Quelle: https://www.pexels.com/de-de/foto/menschen-buro-arbeiten-notizen-7097/

Systemisches Sitzen

Kennst du auch solche Sitzungen, in denen es nie Ruhe gibt? Oft herrscht in diesen Meetings ein Durcheinander und alle sind frustriert, weil meist nur ein paar wenige am Reden sind – dafür tun sie es dauernd. In diesem Bereich habe ich mit dem systemischen Sitzen gute Erfolge erzielt.

Ruhe durch Ordnung

Was bedeutet für mich systemisches Sitzen? Ganz einfach; wenn wir davon ausgehen, dass jeder Mitarbeiter eines Unternehmens zu einem System gehört, dann können wir auch davon ausgehen, dass jeder Mitarbeiter eine Bezugsperson (Ressource) hat und auch selber so eine Bezugsperson (Ressource) ist. Das Wort *Ressource* bedeutet so viel wie *Quelle* und in einem wirtschaftlich agierenden Betrieb ist die Quelle meistens derjenige Mitarbeiter, welcher einem anderen Mitarbeiter seine Arbeit überhaupt erst ermöglicht – auf welche Art auch immer.

Im Zuge des systemischen Sitzens sammle ich also mein Team und gebe eine Sitzordnung vor. Der Chef soll sich rechts von allen anderen hinsetzen, denn er ist die Hauptressource. Dann sollen sich alle Mitarbeiter in der Reihenfolge ihrer Firmenzugehörigkeit links vom Chef hinsetzen. Das bedeutet; direkt neben dem Chef setzt sich der älteste Mitarbeiter hin, dann der zweitälteste und so weiter. Wichtig ist, dass diese Sitzordnung nichts mit Hierarchie zu tun hat, sondern mit der Alterszugehörigkeit in der Firma.

Meine Erfahrung ist, dass die Angestellten ruhiger werden, sobald sie sich auf diese Art hingesetzt haben. Dieses Vorgehen bringt Struktur in eine Unternehmung. Häufig wird den Mitarbeitern erst so bewusst, dass manche ihrer Kollegen wohl schon länger im Unternehmen sind und somit wahrscheinlich Wissen und Informationen besitzen, welche ihnen fehlen.

Rituale zur positiven Gestaltung von Meetings

Die folgende Struktur von Meetings hat sich bei meinen Kunden bewährt und wurde ein fester Bestandteil (Ritual) der Meetings.

Dein Erfolg

Der erste Punkt auf der Agenda heißt «Mein Erfolg». Das Meeting beginnt mit Berichten aller Teilnehmer über die eigenen – wenn auch kleinen – Erfolge, die in einem vordefinierten Zeitraum erreicht wurden.

Oft stelle ich fest, wie schwer sich einige Mitarbeiter damit tun, die eigenen Erfolge zu erkennen. Speziell in unserem Kulturkreis haben wir häufig den Glaubenssatz «Eigenlob stinkt» eingetrichtert bekommen, doch genau das Gegenteil ist der Fall. «Eigenlob stimmt», denn oft sieht man nur selbst, was gut gelaufen ist. Andere können dieses Gute meistens nur erkennen, wenn es an- beziehungsweise ausgesprochen wurde. Wenn die Mitarbeiter einer Unternehmung die eigenen Erfolge wahrzunehmen und wertzuschätzen lernen, dann werden sie weniger auf die Anerkennung Dritter angewiesen sein. Dies wiederum bedeutet eine Erleichterung für jede Führungskraft, die zwar immer noch Anerkennung und Wertschätzung vermitteln sollte, dies aber nicht mehr zwingend muss.

Was **vorbereitend für diesen Punkt eins** hilft, ist eine rechtzeitige Verteilung der bevorstehenden Agenda an alle Meeting-Teilnehmer. So können sich alle Beteiligten schon im Voraus Gedanken über ihre erzielten Erfolge machen.

Hinsichtlich einer zukünftigen Vermeidung von Fehlern ist es ratsam, wenn sich alle Teilnehmer zu einem bereits aufgetretenen und selbst verursachten Fehler äußern. Wichtig ist hierbei die Fragestellung; wie sich der angesprochene Fehler zukünftig vermeiden lässt. Dies bedeutet nicht nur für die betroffene Person einen Lerneffekt, sondern auch für alle anderen Anwesenden.

Was **vorbereitend für diesen Punkt zwei** hilft ist**:** Solle im Team eine «Nullfehler-Kultur» praktiziert werden, ist es sinnvoll, vor dem Meeting eine Liste der bisher aufgetretenen Fehler zu erstellen. Während des Meetings können die anonymisierten Themen bearbeitet und gemeinsam Lösungsansätze erarbeitet werden.

Noch besser ist es natürlich, wenn dem Team klar ist, dass JEDER Fehler macht und dass das Teilen des Wissens um den Fehler – genauso wie dessen Lösung – einen großen Mehrwert für alle bedeutet.

Du bist wichtig

Gib zu Beginn und/oder am Ende des Meetings jedem Teilnehmer die Plattform um mitteilen zu können, was ihn gerade in diesem Moment bewegt. So kann jeder hören, was in dem jeweils anderen vorgeht, und die Teammitglieder können sich gegenseitig besser helfen.

An diesem Punkt darf sich jeder, der dran ist, etwas von den anderen Anwesenden wünschen, zum Beispiel: «Es wäre toll, wenn ich in Punkt XX von YX Unterstützung bekommen könnte.»

Achtung: Bei diesem Punkt ist es empfehlenswert, lediglich auf geschäftliche und nicht auf die private Situation einzugehen. Es soll auch keine Jammerplattform entstehen.

Viele Firmen vergessen, dass der Haupterfolgsfaktor stets die Menschen sind. Damit meine ich nicht nur die Menschen in den einzelnen Abteilungen, sondern ich spreche von allen Menschen, welche zum Erfolg der Unternehmung beitragen – auch den Kunden.

Leider ist es aber gerade in der heutigen digitalen Zeit, in der es virtuelle Teams gibt, nicht einfacher geworden, den Menschen als solchen wahrzunehmen und das Gemeinschaftsgefühl zu stärken.

Hier hilft es, wenn regelmäßig Veranstaltungen organisiert werden, bei denen sich die Mitarbeiter unterschiedlicher Abteilungen kennenlernen können, beziehungsweise auch mit ihren Kunden in Kontakt treten können.

Sprechkultur

Oft stelle ich fest, dass in der heutigen Zeit folgende Tendenz entsteht: Jeder spricht, alle gleichzeitig und niemand hört zu.

Bei solch einer Gesprächskultur ist ein Informationsmanko vorprogrammiert. Denn keiner weiß, worüber die anderen gerade reden. Und die anderen wissen nicht, was wir zu sagen haben.

Deswegen habe ich folgende Regel aufgestellt:

Es spricht nur einer – die anderen hören zu.

Das funktioniert jedoch nur, wenn jemand diese Spielregel auch überprüft und durchsetzt. Dabei ist auch darauf zu achten, dass nicht immer derselbe redet und auch andere zu Wort kommen. Denn falls immer nur einer spricht, dann klinken sich die anderen Mitarbeiter früher oder später mental aus.

Der Sprechstab

Früher hatte man einen «Sprechstab» und somit war klar, wer das Wort hatte. Wer sprechen wollte, holte sich den Sprechstab und die anderen übten sich im Zuhören. Diese Form eines Dialog-Rituals schätze ich sehr. Unter einem Dialog verstehe ich übrigens, wenn Menschen zusammenkommen, um gemeinsam zu denken, miteinander ein Thema zu erkunden sowie zusammen nach Lösungen für Probleme zu suchen.

Diese Methode wird im Übrigen auch großartig bei einer Tagesmutter eingesetzt, die ich kenne.

Der Sprechstab als pädagogisches Element

In der Pädagogik wird der Sprechstab eingesetzt, um allen Anwesenden die Möglichkeit der Teilnahme an Gesprächsrunden zu ermöglichen. Die Kinder lernen «Reden in Essenz». Sie lernen Dinge aus- und anzusprechen sowie Wünsche und Bedürfnisse zu äußern. Ein Kind bekommt die Autorität zu reden, während die anderen lernen, wie man zuhört. In der Abschluss-Sprechstab-Runde erfährt jedes Kind, was es richtig gutgemacht hat und zusätzlich bekommt es konstruktive Kritik.

Der Sprechstab ist also ein tolles Instrument, welches die Kommunikationsfähigkeit parallel zum Selbstbewusstsein wachsen lässt.

7.3 Wochenabschluss

Bevor man ins Weekend geht, sollte man «reinen Tisch machen» - womit ich eine kurze Reflektion meine, wenn auch nur für sich selbst. Was haben wir diese Woche geschafft? Wo stehen wir? Was wird nächste Woche geschehen? Mit der Beantwortung dieser Fragen kann die Woche abgeschlossen und die Erholungzeit begonnen werden. Leider wird das viel zu selten praktiziert, viele Angestellte nehmen solch offene Fragen mit in ihr Weekend und wundern sich dann, dass sie sich nicht erholen können.

Apropos Erholung, da gibt es noch eine goldene Regel: Am Weekend keine Mails lesen und keine Businesstelefonate annehmen!

Das Weekend ist zur Erholung da und nicht dazu, dem Chef zu beweisen, dass man Tag und Nacht zur Verfügung steht.

Das Freitagsbier

Einer meiner ehemaligen Vorgesetzten versammelte seine Mitarbeiter jeden Freitagnachmittag nach der Arbeit zu einem kleinen Umtrunk. Es wurde ein geselliges Zusammensein gepflegt, wenig über die Arbeit gesprochen und viel gelacht. Alle Teammitglieder kamen gerne, um gemeinsam die Woche ausklingen zu lassen. Die Getränke wurden aus einer gemeinsamen Kasse bezahlt. Bei diesen Wochenabschlüssen wurden oft auch Dinge angesprochen, die während der Arbeitszeit nie Platz gefunden hatten. Abgesehen von dem Wir-Gefühl, welches durch diese Treffen entstand, dienten sie auch als eine ideale Plattform für etwaigen Knowhow-Transfer.

Der größte Vorteil war aus meiner heutigen Sicht aber, dass der Chef alles über jeden wusste. Er kannte sein Team auch über das Business hinaus. Das ermöglichte ihm, einen übergeordneten, holistischen Blick auf seine Mitarbeiter zu haben. Er kannte die Werte und Bedürfnisse, welche seine Mitarbeiter antrieben. Und wenn mal etwas schief- oder auch gut gelaufen ist, konnte er dies ganzheitlich sehen und somit auch adäquat bewerten. Übrigens sehe ich die sinn- und werteorientierte Führung immer noch als die angenehmste und effektivste Führungsmethode. Diese Art der Führung benötigt aber auch eine entsprechende Unternehmenskultur.

Wir – das Team – empfanden diesen Wochenabschluss damals als große Wertschätzung und wir wussten; auf diesen Chef kannst du dich verlassen. Diese Freitagabende waren eines meiner tollsten Businessrituale, die ich bisher erleben durfte. Leider sind solche Zusammentreffen in vielen Unternehmen abgeschafft worden, da die meisten Mitarbeiter nur noch Einzelkämpfer sind.

Nebenbei: Das Freitagsbier kann auch ein Wasser sein 😊

Quelle: https://www.pexels.com/de-de/foto/bar-brille-brillen-drinnen-696218/

7.4   Anerkennung & Wertschätzung

Einfach mal Danke sagen und Wertschätzung schenken

Bringe deinen Mitarbeitern bei, sich bei ihren Kollegen zu bedanken und Wertschätzung zu zeigen.

Aufmerksamkeit, Wertschätzung und Dankbarkeit sind wahre Leistungs-Booster.

Wenn sie sich in Ritualen äußert, sind sie umso wirksamer und das gesamte Team zieht neue Kraft aus ihnen.

Quelle: https://www.pexels.com/de-de/foto/menschen-beziehung-draussen-verbindung-3228684/

8 RITUALE FÜR DEN BUSINESSMAN

8.1 Ein Ritual ganz für dich allein

Zu guter Letzt solltest du auch ein Ritual haben, das nur für dich allein bestimmt ist. Eines, das dir guttut, dir Spaß macht, dich beruhigt, motiviert und bei der Stressverarbeitung hilft.

Solch ein Ritual kann nur individuell ausgewählt werden, weshalb an dieser Stelle lediglich einige Vorschläge zur Inspiration angeführt werden. Wie genau dein persönliches Ritual aussehen wird, musst du selbst entscheiden. Du kannst ein entspannendes Bad nehmen, Kerzen anzünden und ein Buch lesen. Für andere funktioniert als Ritual, sich beim Sport auszupowern und anschließend in die Sauna zu gehen. Auch lange Spaziergänge in der Natur können ein Ritual sein, ebenso wie Meditation.

Eines meiner Lieblingsrituale ist, sich um etwas zu kümmern. Näheres hierzu im folgenden Kapitel.

8.2 Bonsai Ritual - Sorge für dich

Beschaffe dir einen kleinen Baum, einen Bonsai oder so was Ähnliches.

Nun ist es deine Aufgabe, darauf zu schauen, dass diese Pflanze gedeihen und wachsen kann. Dazu musst du dich mit der Pflanze beschäftigen, sie gießen. Eventuell braucht sie auch Dünger oder du wirst ihre Äste schneiden und ihre abgefallenen Blätter entsorgen müssen.

Deine Aufgabe ist es nun, dich jeden Tag, wenn du ins Büro kommst, als ERSTES um diesen Baum zu kümmern.

Der Baum und die Zeit, die du in ihn investierst, sollen dir zu einem Spiegelbild deiner Selbst werden. So wie du dich um den Baum kümmerst, so sorgst du auch für dich selbst. Frag dich während der Pflege deiner Pflanze also regelmäßig, was du selbst gerade für «Pflege» brauchen könntest. An welcher Stelle müsstest du bei dir mal wieder alte Blätter entsorgen?

8.3   Ein Ritual mit deiner Familie

Die Zeit mit der Familie ist für viele die schönste Zeit, doch auch diese ist für Berufstätige leider meist viel zu knapp bemessen. Rituale innerhalb der Familie schaffen eine Struktur, die zusammenführt und gemeinsame Zeit auch dann ermöglicht, wenn diverse Termine scheinbar im Weg stehen und jeder etwas anderes zu tun hat.

Das gemeinsame Frühstück oder Abendessen kann ein solches Ritual sein, an dem die ganze Familie teilnimmt. Auch Fernsehabende einmal pro Woche können zu einem Brauch werden, bei dem die Familienmitglieder abwechselnd Filme aussuchen oder eine Serie gemeinsam geschaut wird.

Auch größere Rituale sind hilfreich, um den Familienzusammenhalt zu stärken. Dazu zählen beispielsweise das gemeinsame Feiern von Weihnachten und der dazugehörige Gang in die Kirche oder Geburtstagsfeiern, welche jedes Jahr im Garten des Elternhauses stattfinden können. Solche Rituale sind zwar seltener, aber dennoch sind sie prägend und nicht weniger wichtig.

8.4   Ein Ritual für das Paar

Eine Familie besteht in der Regel aus den Eltern, Kindern und Großeltern. Häufig passiert es, dass sich der Vater und die Mutter nur mehr als Papa und Mama wahrnehmen. Dabei ist es essenziell wichtig, dass Eltern nicht aufhören, sich auch als Paar zu sehen. Hierzu gehört Romantik und Leidenschaft. Wenn diese Aspekte einer Beziehung vernachlässigt werden, drohen ernsthafte Krisen. Deshalb appelliere ich auch für Rituale in Beziehungen.

8.5   Ein Ritual mit deinen Freunden

Die Arbeit nimmt fast den gesamten Tag ein, anschließend gibt es noch eine Menge Dinge im Haushalt zu erledigen und auch andere, häufig unvorhersehbare Baustellen des Lebens verbrauchen Aufmerksamkeit. Noch bevor du die Chance bekommst, zu bemerken, dass du dich schon ewig nicht mehr mit deinen Freunden getroffen hast, sind bereits Monate ins Land gegangen. Immer kommt irgendetwas dazwischen und die Treffen müssen wieder und wieder verschoben werden.

Rituale können helfen, regelmäßige Treffen einzuführen und nicht das Gefühl zu bekommen, von der Außenwelt abgeschottet zu sein. Führe ein Kumpel-Treffen ein, das du alle zwei Wochen stattfinden lässt und das terminlich sowie örtlich gut für alle deine Freunde passt.

9   DIVERSE RITUALE

9.1   Dankbarkeit

Jeden Abend bedanke ich mich bei meinem Tag. Dies tue ich aus der inneren Haltung heraus, dass selbst wenn es ein vermeintlich schlechter Tag war, ich dennoch dankbar sein kann, denn dann war er definitiv ein Lehrer für mich. Der Tag selbst kann ja nichts dafür, wenn alles mal wieder suboptimal gelaufen ist. Was auch immer im Verlauf eines Tages geschehen ist – es war ein Tag deines Lebens!

Allgemein finde ich, dass Dankbarkeit und Danke zu sagen schöne Rituale sind, die den meisten Menschen leider verlorengegangen sind. Vieles ist uns in unserer modernen Zeit selbstverständlich geworden, was eigentlich vielmehr Wertschätzung verdient hätte. Das fängt beim Aufstehen an. Wer sagt schon Danke, weil er wieder einen neuen Tag beginnen darf? Und das meist gesund und munter! Oder wann hast du dich das letzte Mal bei deinem Essen bedankt? Ja, du hast richtig gelesen: beim Essen, sprich bei den Nahrungsmitteln, die auf deinem Tisch liegen, damit du Power und Energie bekommst. Früher, als wir noch keine Konsum-Raubtiere waren, war das alles nicht selbstverständlich und damals waren wir definitiv dankbarer.

Untersuchungen haben ergeben, dass es eine wechselseitige Beziehung zwischen Dankbarkeit und Wohlbefinden gibt. Der dankbare Mensch fühlt sich subjektiv besser, er ist psychisch stabiler, meist zufriedener und lebt glücklicher mit dem, was er hat. Er hat weniger das Gefühl, zu kurz gekommen zu sein, zu wenige Erfolge gehabt zu haben und im Vergleich mit anderen zu wenig zu besitzen. Ein dankbarer Mensch ist also weniger neidisch, eifersüchtig und frustriert, weniger depressiv, weniger krank und weniger gestresst. Das hört sich doch schon mal verlockend an!

Hinzu kommt: Er hat die besseren sozialen Beziehungen und ist weniger missgelaunt, dafür nimmt er die Dinge gelassener und seine Lebenszufriedenheit liegt auf einem höheren Niveau. Seine Umgebung, sein persönliches Wachstum, das Selbstwertgefühl und die Selbstsicherheit sind allesamt vorteilhafter zu bewerten. Als dankbarer Mensch kann man besser mit komplizierten und/oder schwierigen Lebenssituationen und dramatischen Veränderungen umgehen.

Dankbarkeit hilft, während der dunklen Zeiten des Lebens das seelische Gleichgewicht besser zu halten.

Dankbare Menschen können also besser mit Problemen umgehen. Das ist eine Fähigkeit, die gerade im Business-Bereich sehr wertvoll ist. Einem dankbaren Menschen fällt es leichter, sich den auftretenden Problemen zu stellen und sie folglich auch zu bewältigen oder zumindest herauszufinden, wie man mit dem Problem auf eine gute, produktive Art umgehen kann. Solche Menschen finden mit größerer Wahrscheinlichkeit und schneller Lösungen. Dies liegt nicht zuletzt daran, dass sie die Ursache für etwaige Schwierigkeiten zuerst bei sich selbst suchen. Dankbare Menschen sind weniger anfällig für Alkohol- und Drogenmissbrauch und sie schlafen besser. Letzteres ist der Fall, weil sie vor dem Einschlafen eher positive als negative Gedanken hegen.

Aktuellen Untersuchungen zufolge ist Dankbarkeit ein ausgesprochen ausschlaggebender Faktor für die psychische Gesundheit und somit relevant für den Business-Bereich.

Zudem gibt es auch einen Zusammenhang zwischen Dankbarkeit, Empathie, Grosszügigkeit und Hilfsbereitschaft. Ein dankbarer Mensch kann sich leichter in andere hineinversetzen und daraus entsteht das Bedürfnis, zu teilen und zu helfen. Ein dankbarer Mensch ist deswegen in der Regel großzügiger und eher bereit, etwas für einen anderen zu tun. Er ist eher in der Lage, auf etwas zu verzichten, das zu seinen Gunsten wäre, und stattdessen in etwas zu investieren, wovon andere respektive die Mehrheit profitiert. Hört sich das nicht alles nach einem erfolgreichen Businessman oder Mitarbeiter an?

Der Mensch ist nicht automatisch von Geburt an dankbar. Die gute Nachricht ist: Dankbarkeit kann man lernen.

Was ist nun aber mit den Menschen, die nur negativ denken und es deshalb auch sind? Auch denen kann ein Ritual helfen.

9.2 Ritual «Energie folgt dem Fokus»

Ich habe immer wieder Menschen bei mir, die eine extreme Veranlagung dafür haben, alles negativ zu sehen. Wenn man sich mit solchen Leuten unterhält und ihnen zuhört, dann merkt man: So macht das Leben definitiv keinen Sinn. Nun ist es aber leider so, dass die Energie dem Fokus folgt und wer nur Negatives erwartet wird sich nicht an die guten Dinge erinnern können. Also was tun wir?

Hier eine kleine Übung, die man gut und gerne jeden Tag machen kann. Besorge dir zehn Murmeln und stecke sie in deine rechte Hosentasche. Jedes Mal, wenn du etwas Tolles siehst, lachen musst, etwas Nettes hörst oder dich an etwas erfreust, nimmst du eine Murmel und steckst sie in deine linke Hosentasche.

Am Abend zählst du deine Murmeln in der linken Tasche. Sie werden dir beweisen, dass es doch auch Gutes in deinem angeblich tristen Tag gab. Die meisten meiner Klienten, die diese Übung durchführten, riefen mich nach ein paar Tagen an und fragten, ob ich noch mehr Murmeln für sie hätte. Auf meine Frage hin, wieso sie mehr bräuchten, erzählten sie, dass sie schon am Nachmittag keine Murmeln mehr in der rechten Tasche gehabt hatten. Voilà; so funktioniert die Umprogrammierung – bis sie mehr Gutes als Negatives erkennen, denn wir setzen den Fokus auf das Positive.

9.3   Tagebuch

Schreibe am Ende eines jeden Tages mindestens drei Dinge auf, für die du dankbar bist. Jeder Tag bietet Aspekte, für die du dankbar sein kannst. Am Anfang mag es schwer sein, diese zu erkennen, aber mit der Zeit wirst du immer mehr von ihnen entdecken und ein Meister darin werden, das Gute am Tag zu sehen. Es gibt wissenschaftliche Untersuchungen hinsichtlich solch einer Art des «Dankbarkeitstagebuches» und sie belegen, dass so ein Tagebuch nachweislich Depression verringern oder sogar vermeiden kann. Wenn das nicht Grund genug ist...

9.4   Rosmarin

Nimm ein bis zwei Tropfen Rosmarinöl und tröpfele sie auf den Scheitelpunkt deines Kopfes. Dieses kleine Ritual wird dich stärken und innerlich aufrichten.

9.5   Hände falten

Schaffe dir mehrmals am Tag Sekunden der Sammlung. Das kannst du erreichen, indem du immer dann, wenn du dich sammelst, gleichzeitig deine Handflächen zusammenführst (so wie die Japaner es machen, wenn sie sich begrüssen) oder sie faltest, wie man es in der Kirche tut. Du kannst auch ein kurzes Gebet sprechen. Dieses kleine Ritual kannst du im Auto oder im Café ausüben – prinzipiell geht das überall dort, wo du nicht sonderlich damit auffällst.

9.6 Sammeln und jagen

Sammle in einem kleinen Kästchen oder in einer Box alles, was Menschen dir Gutes gesagt haben oder was sie Gutes über dich denken – jeden noch so kleinen Aspekt. Jede Aussage kommt auf einen eigenen kleinen Zettel. Du kannst auch Fähigkeiten oder andere positive Aspekte aufschreiben, die dir zu deiner Person einfallen. Alles ist erlaubt, was gut ist. Eine solche Box kann dir helfen, dir in schweren Zeiten selbst Mut zuzusprechen.

10 RITUALE ERFOLGREICHER MENSCHEN

10.1 Tim Ferris

Der Autor Tim Ferris betreibt unter anderem einen beliebten Podcast, in dem er erfolgreiche Menschen interviewt. Einige seiner Morgenrituale lassen sich leicht kopieren: 1. Das Bett machen, 2. für 20 Minuten meditieren, 3. Schwarzen Tee aus China trinken, 4. die eigenen Gefühle und die Tagesziele in einem Tagebuch festhalten.

10.2 Karl Lagerfeld

Der *Chanel*-Designer schläft jede Nacht genau sieben Stunden. Wie viele andere kreative Menschen auch, startet Karl Lagerfeld entspannt in den Tag. Nach dem Frühstück – einem Protein-Shake und gedämpften Äpfeln – liest der Modezar 20 Zeitungen, durchstöbert Bücher und gibt sich seinen Tagträumen hin. Währenddessen zeichnet er. Erst nach dieser Routine macht er sich für seinen Tag fertig.

10.3 Richard Branson

Die frühen Stunden nutzt der britische Unternehmer Richard Branson zur Erholung. Danach verbringt er Zeit mit seiner Familie und Training. Dafür steht er aber auch schon um fünf Uhr morgens auf.

10.4 Jennifer Aniston

Die Hollywood-Schauspielerin Jennifer Aniston hält sich an ein striktes Morgenritual – zumindest in Zeiten, in denen sie schauspielerisch tätig ist. Dieses lautet: 1. Heißes Wasser mit einer Zitronenscheibe trinken, 2. das Gesicht reinigen, 3. Meditieren, 4. Frühstücken, 5. Sport. Wenn sie nicht dreht, dann schläft sie allerdings – wie die meisten Menschen – aus, bis acht oder neun Uhr.

10.5 Kim Kardashian

«Willst du joggen gehen?», fragt die Unternehmerin Kim Kardashian ihren Mann Kanye West direkt nach dem Aufwachen. Meist stimmt er zu, außer er hat bereits eine frühmorgendliche Trainingsstunde in seinem Terminkalender stehen. Ihr Schlafzimmer ist komplett abgedunkelt – Kardashians iPhone, Blackberry und ein Babymonitor liegen neben ihr auf dem Nachttisch. Nach dem Aufwachen wirft sie einen kurzen Blick auf ihre Mails, geht dann laufen und frühstücken, bevor sie in das Zimmer ihrer Kinder schaut.

10.6 Oprah Winfrey

Oprah Winfrey, die erste Afroamerikanerin, die Milliardärin wurde, meditiert jeden Morgen, manchmal nur 20 Sekunden, manchmal zehn Minuten. Außerdem packt sie sich Essen von zu Hause für ihre Mittagspause ein.

11 RITUALE UND PSYCHOHYGIENE

Tägliche Rituale sind als ein relativ simpler *Hack* für Leben zu betrachten. Sie vermögen sowohl dem Körper als auch der Seele gutzutun. Diese beiden Bereiche sind ohnehin kaum voneinander zu trennen, denn was dem Körper guttut, das tut auch der Seele gut. Und wenn etwas der Seele guttut, dann profitiert auch der Körper davon!

11.1 Körperliche Rituale, die auch der Seele guttun

Nehmen wir als Beispiel ein sportliches Ritual, nämlich das Dehnen und Mobilisieren der Schulter- und Nackenpartie. Das ist vor allem in unserer heutigen Zeit, in der viele Menschen am Computer arbeiten, ein häufig sogar notwendiges Ritual, ohne dem viele Menschen nicht mehr schmerzfrei leben könnten.

Es genügen fünf bis zehn Minuten täglich, am besten gleich in der Früh, noch vor dem ersten Kaffee, währenddessen oder danach. Wer keinen Kaffee trinkt, der darf diese Übung beziehungsweise diese Übungsreihe selbstverständlich ebenfalls praktizieren.

An dieser Stelle ist es mir nicht wichtig, die Übungen genau zu beschreiben, denn was man genau tun sollte, um die Nacken- und Schultermuskulatur zu entspannen und zu stärken, kann diversen Internetforen oder z.B. YouTube entnommen werden. Grundsätzlich handelt es sich um diverse kurze Dehnübungen, welche vermögen, tatsächlich eine große Verbesserung in der Lebensqualität vieler PC-Leidensgenossen zu erreichen.

Nur wenige Minuten täglich genügen, damit sich der Körper auf Dauer besser auf seine fordernde Arbeitsumgebung einstellen kann.

Besonders interessant ist in dieser Hinsicht, dass sich dieses körperliche Ritual direkt auf die Psyche eines Menschen auswirkt. Er wird aufgrund der Dehnübungen nämlich nicht nur fitter, sondern er wird auch psychisch robuster.

Quelle: https://www.pexels.com/de-de/foto/dame-draussen-entspannung-frau-460307/

Offensichtlich ist, dass die Abwesenheit von Verspannungen und Schmerzen glücklich macht. Über diesen naheliegenden Fakt hinaus ist es aber auch so, dass die Resilienz eines Menschen gesteigert wird, wenn er merkt, dass er allein etwas gegen sein Unwohlsein tun kann!

Als Resilienz wird die Fähigkeit bezeichnet, Widrigkeiten standhalten zu können beziehungsweise sich von ihnen nicht unterkriegen zu lassen. Wenn negative Lebensereignisse auftreten nimmt man sie nicht einfach hin und wird traurig oder sogar depressiv, sondern man krempelt die Ärmel hoch und versucht etwas dagegen zu tun.

Je selbstbestimmter ein Mensch lebt, desto glücklicher ist er, denn er tut etwas für sein Leben, damit es so aussieht, wie er es gerne hätte. Und wenn er merkt, dass das auch noch funktioniert, dann kann der Glückseligkeit kaum noch etwas im Wege stehen.

Und Rituale sind wunderbare Hilfsmittel beziehungsweise Werkzeuge, um das Leben in Richtung zu lenken, in der man es gerne haben möchte. Man selbst investiert nur kurze Zeitspannen in Rituale, meist nur wenige Augenblicke bis höchstens fünf oder zehn Minuten am Stück, und dennoch formen diese Rituale unser Denken, unser Handeln, mit der Zeit auch unseren Charakter und schlussendlich unser Leben.

Man kann mit gutem Gewissen behaupten,
dass Rituale sehr mächtige Werkzeuge sind,
welche dein Leben komplett umkrempeln
können – natürlich zum Positiven!

11.2 Mentale Rituale, die auch dem Körper guttun

Umgekehrt ist es natürlich auch so, dass mentale Rituale dem Körper guttun. Beispiele hierfür sind die Meditation, positive Affirmationen oder Techniken, welche das Bewusstsein in eine bestimmte Richtung forcieren, wie zum Beispiel das bei 9.2 beschriebene Ritual mit den Murmeln.

Fakt ist – wie diverse Studien belegen – dass die Psyche einen enormen Einfluss auf den Körper hat. Gleichzeitig ist anzumerken, dass vieles in diesem Bereich noch nicht genau erforscht wurde und die Wissenschaft erst am Anfang ihrer Untersuchungen steht. Deshalb muss man an dieser Stelle ein bisschen vorsichtig sein, denn es gibt auch viele Scharlatane in diesem Bereich, die einem unglaubliche Resultate versprechen, wenn man genau ihre Methode der Meditation oder Ähnliches erlernt.

Aber selbst wenn man auf dem Teppich bleibt und nicht übertreibt, dann sind die Ergebnisse der Forschung erstaunlich.

Die Meditation, zum Beispiel, vermag das Gehirn sogar grundlegend umzustrukturieren. Aufgrund von Hirnscans ist mittlerweile bekannt, dass Menschen, die Meditieren, deutlich intensivere neuronale Vernetzungen vorweisen. Sie sind umsichtiger, ruhiger, treffen die weiseren Entscheidungen und so weiter. Darüber hinaus sind sie aber auch körperlicher robuster, sie sind nicht so wetterempfindlich und werden seltener krank.

Das alles klingt fantastisch und es ist kaum zu glauben, aber schon fünf bis zehn Minuten des täglichen Meditierens genügen, um sich psychisch und körperlich besser zu fühlen. Dieser Effekt stellt sich schon nach ein paar Wochen des täglichen Meditierens ein.

Erklärt wird das Ganze anhand der negativen Effekte, welche Stress mit sich bringt. Stresshormone sind nun mal schädlich für die Denkmurmel sowie für den ganzen Körper, denn sie durchfluten ihn von Kopf bis Fuß, wenn man aufgebracht, wütend, ängstlich etc. ist.

Mentale Rituale vermögen die Gesundheit zu stärken!

12 RITUALE ALS WEG ZUM GLÜCK

Rituale können einen Menschen glücklich machen. Die Frage ist: Weshalb können sie das? Um diese Frage adäquat beantworten zu können, lohnt es sich, einen Blick auf das Wesen des Glücks zu werfen.

12.1 Das Wesen des Glücks

Glück kann nie erzielt werden, wenn man es direkt ansteuert!

Das Wesen des Glücks ist sehr interessant, denn es ist sehr trickreich. Wir alle möchten glücklich sein. Man könnte sagen, dass das Glück – in der Regel zumindest – das oberste Ziel aller Menschen ist.

Sich glücklich zu fühlen, äußert sich bei ausnahmslos allen genau gleich; die Seele ist beschwingt, das Herz schlägt ein bisschen schneller, weil es sich freut, man fühlt sich kraftvoll und sieht voller Zuversicht in die Zukunft.

Aber so gleich sich das Glück für jeden von uns anfühlt, so verschieden sind die Ursachen, weshalb wir glücklich sind. Das besonders Trickreiche am Glück ist, dass es nicht konserviert werden kann. Wenn uns eine Sache einmal glücklich macht, zum Beispiel der Geschmack einer bestimmten Mahlzeit, dann kann das vielleicht noch ein paar Mal wiederholt werden, aber auf Dauer wird das Glücksgefühl verblassen. Dann machen wir uns auf die Suche nach dem nächsten *Ding*, das uns glücklich macht. So sind wir Menschen nun mal gestrickt.

Um aus dieser Jagd nach dem Glück aussteigen zu können, die ohnehin eher rastlos als glücklich macht, gibt es ein paar interessante Aspekte, die sich mit Hilfe von Ritualen prima verdeutlichen lassen.

12.2 Vom Sinn zum Glück

Wie der große Psychoanalytiker Viktor Frankl sehr richtig schrieb, ist der einzig zuverlässige und nachhaltige Weg zum Glück der Sinn! Da es keinen direkten Weg gibt, muss also der Umweg über sinnvolle Tätigkeiten getan werden, um ein glückliches Leben führen zu können.

Da Rituale sinnvoll sind, vermögen sie uns dorthin zu führen, wo wir hinmöchten – quasi im Nebenbei!

Aus dieser Perspektive betrachtet, macht es überhaupt keinen Sinn, Dinge zu tun, um glücklich zu sein, sondern es macht allein Sinn, Dinge zu tun, um Sinn in ihnen zu erkennen. Ein sinnvolles Leben macht automatisch glücklich. Da naturgemäß jeder Mensch etwas anderes als sinnvoll empfindet, gibt es kein Rezept, wie man glücklich werden kann. Aber es gibt sehr wohl Denkanstöße und stark verbreitete Gemeinsamkeiten, die an dieser Stelle erwähnt werden können.

Grundsätzlich kann der größte Sinn generiert werden, wenn man sich als Individuum entweder in einem anderen Menschen oder in einer Tätigkeit verliert. Denn – wie Viktor Frankl sagt – der Mensch ist wie ein Auge; er erfüllt seinen Sinn vor allem dann, wenn er sich selbst verliert, so wie das Auge seine Tätigkeit, das Sehen, nur dann ausüben kann, wenn es sich selbst nicht sieht. Uns so kann sehr gut verdeutlicht werden, dass wir den Fokus von uns selbst, von unserem Glück abwenden müssen, um glücklich zu werden.

Stattdessen ist es am ratsamsten, einen anderen Menschen, sei es den Partner, die Kinder oder gleich alle anderen Menschen zu lieben. Alternativ kann man sich in einer Tätigkeit wie dem Schreiben, Tanzen, Malen oder einer anderen Form der kreativen, schöpferischen Tätigkeit verlieren.

Rituale vermögen uns auf unserem Weg zu einem sinnvollen und folglich glücklichen Leben zu helfen. Sie beruhigen unseren Geist, sodass wir uns besser konzentrieren können, sie entspannen unseren Körper, der dadurch leistungsfähiger und gesünder ist.

Rituale können somit als Hilfsmittel betrachtet werden, die uns erlauben, Sinn und Glück in unser Leben zu holen!

13 NONPLUSULTRA: ZUFRIEDENHEIT

Das Wörtchen Zufriedenheit ist ebenfalls sehr wichtig, wenn es um den Zusammenhang zwischen Ritualen, Sinn und Glück geht. Ich finde sogar, dass die Zufriedenheit sogar der Schlüssel zu einem guten und erfüllten Leben ist.

Zufriedenheit geht immer! Glück hingegen taucht sporadisch auf.

13.1 Nicht vergessen: Es ist ein gutes Leben

Zufrieden kann man immer sein. Beim Aufstehen, Zähneputzen, Frühstücken, bei der Arbeit, mit der Familie, ja, sogar wenn man krank ist oder gerade mit einer Lebenskrise zu kämpfen hat, zum Beispiel dem Tod eines geliebten Menschen oder der Trennung von einer Partnerin bzw. Partner. Wenn man über ein positives Mindset verfügt, dann vermag man in jeder Lebenslage entweder eine Belohnung oder eine Lektion zu sehen.

Und ist das nicht das schönste Leben, das man führen kann? Ein Leben, das stets gut ist, egal was passiert!

Es muss nicht überwältigend großartig, mit lauter Superlativen belegt und so konstruiert sein, dass alle anderen sehen, wie toll man es hat. Das Wunder des Lebens und des menschlichen Bewusstseins ist ohnehin großartig und überwältigend – der Clou ist nur, dies auch zu erkennen und in unserer schnellen Zeit nicht mehr zu vergessen.

13.2 Rituale pushen die Lebensqualität

Hierbei helfen uns die täglichen Rituale. Und deshalb ist es auch so hilfreich, manche von ihnen gleich am Morgen durchzuführen. Die Morgenroutine, welche gleich aus einem Set an Ritualen bestehen kann, ist als ein Powershake an positiven Verhaltensweisen zu sehen, welche die Zufriedenheit mit dem eigenen Leben extrem effektiv pushen können!

Während des Tages können weitere Rituale dabei helfen, das positive Bewusstsein vom großartigen Geschenk des Lebens beizubehalten. Denn es ist nur normal, dass während der Arbeit, wenn der Geist und der Körper beansprucht werden, wir zwischenzeitlich vergessen können, wie gut es uns eigentlich geht.

Daran ist auch nichts verwerflich! Das ist ganz wichtig, zu verstehen. Auch wenn man nicht permanent glücklich ist, nicht rund um die Uhr zufrieden ist, hier und da auch mal wütend, neidisch oder ängstlich ist: Das alles gehört zum Leben dazu und es ist wunderbar, dass wir diese archaischen Mechanismen in uns tragen und ausleben bzw. erleben dürfen.

Quelle: https://www.pexels.com/de-de/foto/attraktiv-cafe-dame-denken-544117/

Nur ist die Frage, wie wir mit diesen Emotionen umgehen. Sie als wenig hilfreich zu deklarieren, scheint sinnvoll, denn meistens sind sie unserem Lebensglück nur im Wege. Manchmal aber, da sind sie notwendig, um etwas dazuzulernen bzw. um eine Erfahrung adäquat verarbeiten zu könne. Das ist ein ganz sensibles Thema und jeder muss selbst und im Zuge jeder Lebenssituation aufs Neue in sich hineinspüren, ob das Zulassen der negativen Emotionen heilsam ist oder doch eher nur eine Gewohnheit, die es auszumerzen gilt.

Wenn also ein geliebter Mensch stirbt oder man eine Trennung von einem geliebten Menschen durchmacht, dann können negative Emotionen durchaus angebracht sein. Wenn man aber wütend oder ängstlich wird, weil man vom Arbeitstag oder den immer gleichen und stumpfen Hobbies müde und kraftlos ist, dann könnten kleine Veränderungen im Lebensstil unter Umständen dabei helfen, solch eine Ermüdung und Kraftlosigkeit im Voraus zu vermeiden.

Genau hierfür eignen sich Rituale hervorragen! Sie sind diejenigen, leicht anzuwendenden *Life-Hacks*, welche das Potential haben, dich dauerhaft zufrieden zu machen. Also warte nicht und probiere einfach ein paar von ihnen aus.

Es gibt so viele verschiedene Rituale, dass du wahrscheinlich erst einmal ein paar ausprobieren wirst müssen, um zu wissen, welche zu dir passen und welche nicht. Und noch eines: Bleib auf jeden Fall dran, denn von einem Mal Ausprobieren kannst du nicht beurteilen, ob dir dieses oder jenes Ritual helfen und Spaß machen kann. Das ergibt sich mit der Zeit. Also hab ein bisschen Geduld mit dir, deinem Leben und mit deinen Ritualen. Denn dann kommen rosige Zeiten auf dich zu. Versprochen!

Zusammenfassung

Zum Abschluss möchte ich noch einmal drauf hinweisen, dass Rituale jedem guttun können. Diverse Studien beweisen, dass Rituale in vielen unterschiedlichen Lebensbereichen helfen, und zwar unabhängig davon, ob man an sie glaubt oder nicht.

Viele erfolgreiche Menschen lieben Rituale, denn symbolische Handlungen helfen gegen Aufregung oder Ängste; das konnten Psychologen mittlerweile eindeutig nachweisen. Millionen Menschen auf der ganzen Welt können sich nicht irren. Sie pflegen Rituale, zu allen Tageszeiten und in allen Kulturen – oft auch ohne religiösen Hintergrund. Tue auch du es, gegen Aufregung, gegen Ängste, für ein hohes Selbstbewusstsein, für eine gute *Performance*, für das Glück, als Ausrichtung auf das Kommende oder einfach, um im Hier und Jetzt anzukommen und voll konzentriert deine Aufgaben angehen zu können.

Kompletter Blödsinn? Nein! «Solche Rituale helfen tatsächlich», erklärt Alison Wood Brooks von der Harvard Universität in den USA nach Abschluss ihrer jüngsten Studie. Rituale führten in manchen Situationen sogar zu mehr Genuss. «Seltsam und faszinierend» zugleich findet das die Psychologin. Denn immerhin befeuert die seriöse Forschung mit diesen Ergebnissen eine Form des Aberglaubens, der sich auf Gefühle, Gedanken und Verhalten offenbar nachweislich positiv auswirkt.

Ob Rituale auch für dich funktionieren und in deinem Leben etwas bringen, wirst du nur erfahren, wenn du sie selbst ausprobierst. Und denk daran; Erfolg hat «er folgt» in sich. Deswegen zeigt sich der Erfolg erst, wenn du eine längere Zeit konstant dasselbe tust und nicht von deinem Vorhaben abweichst. Nur dann kann dir der Erfolg auch folgen und nur dann wirst du den Erfolg auch erkennen.

Ich wünsch dir viel Spaß auf deinem Weg!

14 INS TUN KOMMEN

So, nachdem du das Buch gelesen hast, hast du hoffentlich viele neue Ideen. Doch Ideen allein reichen nicht, um das Leben zu verändern. Vielmehr muss man dazu die Komfortzone verlassen und ins TUN kommen. Deswegen habe ich dir hier eine kleine Hilfe für die ersten Schritte zusammengestellt.

Der Start in einen neuen Tag

....

....

....

....

....

....

....

....

....

....

....

....

....

Dein Morgenritual

....
....
....
....
....
....
....
....
....
....
....
....
....

Dein Business-Startritual

....
....
....
....
....
....
....
....
....
....

Dein Pausenritual

....
....
....
....
....
....
....
....
....
....
....
....

Deine eigenen Kreationen

....
....
....
....
....
....
....
....
....
....

Reflexion

Was haben die Rituale mit dir gemacht?

....

....

....

....

....

....

....

....

....

....

....

....

....

....

....

....

....

....

....

....

....

....

....